# CATTERY DIARY

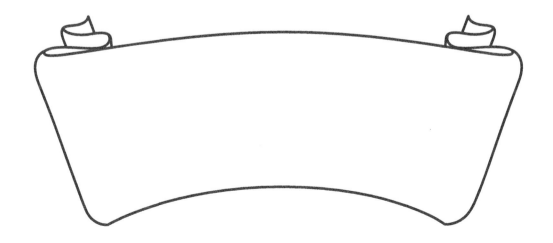

# DETALS

Date: _10th June 2020_

Customer Name: _Mrs Smith_

Address:

_15 Cada Avenue_

_Romley Village_

Telephone: _0987654321_

# DATES

_10th JUNE Morn Drop_

_off_

_20th JUNE Afternoon pick up_

_10 DAYS_

✓

Price    _220_      Paid   Y / N

# CAT DETAILS

NAME | *Rufus*

AGE | *4 years*

BREED | *Maine Coon*

COLOR | *Ginger / white*

Vaccinations | *Yes Up to Date*

Local VET | *Samuels Veterinary Clinic*
*0978654323*

NOTES | *Needs Brushing Daily*

*Cooked chicken every other*
*day n ( provided by owner )*

# DETAILS

Date: _____

Customer Name: _____

Address: _____

_____

Telephone: _____

# DATES

Price                              Paid   Y  /  N

# CAT DETAILS

NAME _____

AGE _____

BREED _____

COLOR _____

Vaccinations _____

Local VET _____

NOTES _____

_____

_____

_____

_____

# DETAILS

Date:

Customer Name:

Address:

Telephone:

# DATES

Price                                    Paid  Y  /  N

# CAT DETAILS

NAME _____

AGE _____

BREED _____

COLOR _____

Vaccinations _____

Local VET _____

NOTES _____

_____

_____

_____

_____

## DETAILS

Date: _____

Customer Name: _____

Address: _____

_____

Telephone: _____

## DATES

Price                                    Paid   Y  /  N

# CAT DETAILS

NAME _____

AGE _____

BREED _____

COLOR _____

Vaccinations _____

Local VET _____

NOTES _____

_____

_____

_____

_____

# DETETAILS

Date: _____

Customer Name: _____

Address: _____

_____

Telephone: _____

# DATES

Price                    Paid  Y  /  N

# CAT DETAILS

NAME _____

AGE _____

BREED _____

COLOR _____

Vaccinations _____

Local VET _____

NOTES _____

_____

_____

_____

_____

# DETAILS

Date: _____

Customer Name: _____

Address: _____

_____

Telephone: _____

# DATES

Price               Paid   Y   /   N

# CAT DETAILS

NAME _____

AGE _____

BREED _____

COLOR _____

Vaccinations _____

Local VET _____

NOTES _____

_____

_____

_____

_____

## DETAILS

Date: _____

Customer Name: _____

Address: _____

_____

Telephone: _____

## DATES

_____
_____
_____
_____
_____
_____
_____
_____
_____
_____
_____
_____
_____
_____
_____
_____
_____

Price                               Paid   Y  /  N

# CAT DETAILS

NAME _____

AGE _____

BREED _____

COLOR _____

Vaccinations _____

Local VET _____

NOTES _____

_____

_____

_____

_____

## DETAILS

Date: _____

Customer Name: _____

Address: _____

_____

_____

Telephone: _____

## DATES

Price                              Paid   Y   /   N

# CAT DETAILS

NAME _____

AGE _____

BREED _____

COLOR _____

Vaccinations _____

Local VET _____

NOTES _____

_____

_____

_____

_____

# DETAILS

Date: _____

Customer Name: _____

Address: _____

_____

Telephone: _____

# DATES

Price                    Paid  Y  /  N

# CAT DETAILS

NAME _____

AGE _____

BREED _____

COLOR _____

Vaccinations _____

Local VET _____

NOTES _____

_____

_____

_____

_____

# DETAILS

Date: _____

Customer Name: _____

Address: _____

_____

Telephone: _____

# DATES

Price                                    Paid   Y   /   N

# CAT DETAILS

NAME _____

AGE _____

BREED _____

COLOR _____

Vaccinations _____

Local VET _____

NOTES _____

_____

_____

_____

_____

# DETAILS

Date:

Customer Name:

Address:

Telephone:

# DATES

Price                                          Paid  Y  /  N

# CAT DETAILS

NAME _____

AGE _____

BREED _____

COLOR _____

Vaccinations _____

Local VET _____

NOTES _____

_____

_____

_____

_____

# DETAILS

Date: _____

Customer Name: _____

Address: _____

_____

Telephone: _____

# DATES

Price

Paid  Y  /  N

# CAT DETAILS

NAME _____

AGE _____

BREED _____

COLOR _____

Vaccinations _____

Local VET _____

NOTES _____

_____

_____

_____

_____

# DETERMINED

## DETAILS

Date: _____

Customer Name: _____

Address: _____

_____

Telephone: _____

## DATES

Price                    Paid   Y  /  N

# CAT DETAILS

NAME _____

AGE _____

BREED _____

COLOR _____

Vaccinations _____

Local VET _____

NOTES _____

_____

_____

_____

_____

# DETAILS

Date: _____

Customer Name: _____

Address: _____

_____

Telephone: _____

# DATES

Price                    Paid   Y  /  N

# CAT DETAILS

NAME _____

AGE _____

BREED _____

COLOR _____

Vaccinations _____

Local VET _____

NOTES _____

_____

_____

_____

_____

# DETAILS

Date: _____

Customer Name: _____

Address: _____

_____

Telephone: _____

# DATES

Price                    Paid  Y  /  N

# CAT DETAILS

NAME _____

AGE _____

BREED _____

COLOR _____

Vaccinations _____

Local VET _____

NOTES _____

_____

_____

_____

_____

# DETAILS

Date: _____

Customer Name: _____

Address: _____

_____

Telephone: _____

# DATES

Price                                    Paid   Y   /   N

# CAT DETAILS

NAME _____

AGE _____

BREED _____

COLOR _____

Vaccinations _____

Local VET _____

NOTES _____

_____

_____

_____

_____

# DETAILS

Date: _____

Customer Name: _____

Address: _____

_____

Telephone: _____

# DATES

Price                    Paid  Y  /  N

# CAT DETAILS

NAME _____

AGE _____

BREED _____

COLOR _____

Vaccinations _____

Local VET _____

NOTES _____

_____

_____

_____

_____

# DETAILS

Date: _____

Customer Name: _____

Address: _____

_____

Telephone: _____

# DATES

Price                    Paid  Y  /  N

# CAT DETAILS

NAME _____

AGE _____

BREED _____

COLOR _____

Vaccinations _____

Local VET _____

NOTES _____

_____

_____

_____

_____

# DETAILS

Date: _____

Customer Name: _____

Address: _____

_____

Telephone: _____

# DATES

Price                    Paid  Y  /  N

# CAT DETAILS

NAME _____

AGE _____

BREED _____

COLOR _____

Vaccinations _____

Local VET _____

NOTES _____

_____

_____

_____

_____

## DETAILS

Date: _____

Customer Name: _____

Address: _____

_____

Telephone: _____

## DATES

Price                                    Paid  Y  /  N

# CAT DETAILS

NAME _____

AGE _____

BREED _____

COLOR _____

Vaccinations _____

Local VET _____

NOTES _____

_____

_____

_____

_____

# DETAILS

Date: _____

Customer Name: _____

Address: _____

_____

Telephone: _____

# DATES

Price _____  Paid  Y  /  N

# CAT DETAILS

NAME _____

AGE _____

BREED _____

COLOR _____

Vaccinations _____

Local VET _____

NOTES _____

_____

_____

_____

_____

# DETAILS

Date: _____

Customer Name: _____

Address: _____

_____

Telephone: _____

# DATES

Price                              Paid   Y  /  N

# CAT DETAILS

NAME _____

AGE _____

BREED _____

COLOR _____

Vaccinations _____

Local VET _____

NOTES _____

_____

_____

_____

_____

# DETAILS

Date: _____

Customer Name: _____

Address: _____

_____

Telephone: _____

# DATES

Price _____          Paid   Y  /  N

# CAT DETAILS

NAME _____

AGE _____

BREED _____

COLOR _____

Vaccinations _____

Local VET _____

NOTES _____

_____

_____

_____

_____

# DETAILS

Date: _____

Customer Name: _____

Address: _____

_____

_____

Telephone: _____

# DATES

_____

_____

_____

_____

_____

_____

_____

_____

_____

_____

_____

_____

_____

_____

_____

_____

_____

Price                    Paid   Y  /  N

# CAT DETAILS

NAME _____

AGE _____

BREED _____

COLOR _____

Vaccinations _____

Local VET _____

NOTES _____

_____

_____

_____

_____

# DETENTS

Date: _____

Customer Name: _____

Address: _____

_____

_____

Telephone: _____

# DATES

Price                    Paid  Y  /  N

# CAT DETAILS

NAME _____

AGE _____

BREED _____

COLOR _____

Vaccinations _____

Local VET _____

NOTES _____

_____

_____

_____

_____

## DETAILS

Date: _____

Customer Name: _____

Address: _____

_____

Telephone: _____

## DATES

Price                    Paid   Y  /  N

# CAT DETAILS

NAME _____

AGE _____

BREED _____

COLOR _____

Vaccinations _____

Local VET _____

NOTES _____

_____

_____

_____

_____

# DETAILS

Date: _____

Customer Name: _____

Address: _____

_____

_____

Telephone: _____

# DATES

Price                    Paid   Y  /  N

# CAT DETAILS

NAME _____

AGE _____

BREED _____

COLOR _____

Vaccinations _____

Local VET _____

NOTES _____

_____

_____

_____

_____

# DETAILS

Date: _____

Customer Name: _____

Address: _____

_____

Telephone: _____

# DATES

Price                          Paid   Y   /   N

# CAT DETAILS

NAME _____

AGE _____

BREED _____

COLOR _____

Vaccinations _____

Local VET _____

NOTES _____

_____

_____

_____

_____

# DETAILS

Date:

Customer Name:

Address:

Telephone:

# DATES

Price                              Paid   Y  /  N

# CAT DETAILS

NAME  _____

AGE  _____

BREED  _____

COLOR  _____

Vaccinations  _____

Local VET  _____

NOTES  _____

_____

_____

_____

_____

# DETAILS

Date: _____

Customer Name: _____

Address: _____

_____

_____

Telephone: _____

# DATES

Price                                    Paid  Y  /  N

# CAT DETAILS

NAME _____

AGE _____

BREED _____

COLOR _____

Vaccinations _____

Local VET _____

NOTES _____

_____

_____

_____

_____

# DETAILS

Date:

Customer Name:

Address:

Telephone:

# DATES

Price                              Paid  Y  /  N

# CAT DETAILS

NAME _____

AGE _____

BREED _____

COLOR _____

Vaccinations _____

Local VET _____

NOTES _____

_____

_____

_____

_____

# DETAILS

Date: _____

Customer Name: _____

Address: _____

_____

Telephone: _____

# DATES

Price                    Paid   Y  /  N

# CAT DETAILS

NAME _____

AGE _____

BREED _____

COLOR _____

Vaccinations _____

Local VET _____

NOTES _____

_____

_____

_____

_____

# DETAILS

Date: _____

Customer Name: _____

Address: _____

_____

Telephone: _____

# DATES

_____
_____
_____
_____
_____
_____
_____
_____
_____
_____
_____
_____
_____

Price                                            Paid  Y  /  N

# CAT DETAILS

NAME _____

AGE _____

BREED _____

COLOR _____

Vaccinations _____

Local VET _____

NOTES _____

_____

_____

_____

_____

# DETAILS

Date: _____

Customer Name: _____

Address: _____

_____

Telephone: _____

# DATES

Price                                    Paid   Y  /  N

# CAT DETAILS

NAME _____

AGE _____

BREED _____

COLOR _____

Vaccinations _____

Local VET _____

NOTES _____

_____

_____

_____

_____

# DETAILS

Date: _____

Customer Name: _____

Address: _____

_____

Telephone: _____

# DATES

_____

_____

_____

_____

_____

_____

_____

_____

_____

_____

_____

_____

_____

_____

Price                                    Paid   Y  /  N

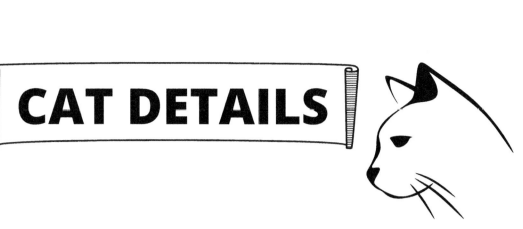

# CAT DETAILS

NAME _____

AGE _____

BREED _____

COLOR _____

Vaccinations _____

Local VET _____

NOTES _____

_____

_____

_____

_____

# DETAILS

Date: _____

Customer Name: _____

Address: _____

_____

Telephone: _____

# DATES

Price                                    Paid  Y  /  N

# CAT DETAILS

NAME _____

AGE _____

BREED _____

COLOR _____

Vaccinations _____

Local VET _____

NOTES _____

_____

_____

_____

_____

# DETAILS

Date:

Customer Name:

Address:

Telephone:

# DATES

Price                          Paid  Y  /  N

# CAT DETAILS

NAME _____

AGE _____

BREED _____

COLOR _____

Vaccinations _____

Local VET _____

NOTES _____

_____

_____

_____

_____

# DETAILS

Date: _____

Customer Name: _____

Address: _____

_____

Telephone: _____

# DATES

Price                    Paid   Y  /  N

# CAT DETAILS

NAME _____

AGE _____

BREED _____

COLOR _____

Vaccinations _____

Local VET _____

NOTES _____

_____

_____

_____

_____

# DETAILS

Date:

Customer Name:

Address:

Telephone:

# DATES

Price                                    Paid   Y  /  N

# CAT DETAILS

NAME _____

AGE _____

BREED _____

COLOR _____

Vaccinations _____

Local VET _____

NOTES _____

_____

_____

_____

_____

# DETAILS

Date: _____

Customer Name: _____

Address: _____

Telephone: _____

# DATES

Price                                    Paid  Y  /  N

# CAT DETAILS

NAME _____

AGE _____

BREED _____

COLOR _____

Vaccinations _____

Local VET _____

NOTES _____

_____

_____

_____

_____

# DETAILS

Date:

Customer Name:

Address:

Telephone:

# DATES

Price                                    Paid  Y  /  N

# CAT DETAILS

NAME  _____

AGE  _____

BREED  _____

COLOR  _____

Vaccinations  _____

Local VET  _____

NOTES  _____

_____

_____

_____

_____

## DETAILS

Date:

Customer Name:

Address:

Telephone:

## DATES

Price                                        Paid   Y   /   N

# CAT DETAILS

NAME  _____

AGE  _____

BREED  _____

COLOR  _____

Vaccinations  _____

Local VET  _____

NOTES  _____

_____

_____

_____

_____

# DETAILS

Date: _____

Customer Name: _____

Address: _____

_____

Telephone: _____

# DATES

Price

Paid  Y  /  N

# CAT DETAILS

NAME _____

AGE _____

BREED _____

COLOR _____

Vaccinations _____

Local VET _____

NOTES _____

_____

_____

_____

_____

# DETAILS

Date: _____

Customer Name: _____

Address: _____

_____

Telephone: _____

# DATES

Price                  Paid   Y   /   N

# CAT DETAILS

NAME _____

AGE _____

BREED _____

COLOR _____

Vaccinations _____

Local VET _____

NOTES _____

_____

_____

_____

_____

## DETAILS

Date: _____

Customer Name: _____

Address: _____

Telephone: _____

## DATES

Price                                    Paid  Y  /  N

# CAT DETAILS

NAME _____

AGE _____

BREED _____

COLOR _____

Vaccinations _____

Local VET _____

NOTES _____

_____

_____

_____

_____

## DETAILS

Date: _____

Customer Name: _____

Address: _____

_____

Telephone: _____

## DATES

Price                                    Paid   Y  /  N

# CAT DETAILS

NAME _____

AGE _____

BREED _____

COLOR _____

Vaccinations _____

Local VET _____

NOTES _____

_____

_____

_____

_____

# DETAILS

Date: _____

Customer Name: _____

Address: _____

_____

Telephone: _____

# DATES

Price                                    Paid  Y  /  N

# CAT DETAILS

NAME _____

AGE _____

BREED _____

COLOR _____

Vaccinations _____

Local VET _____

NOTES _____

_____

_____

_____

_____

# DETAILS

Date:

Customer Name:

Address:

Telephone:

# DATES

Price                              Paid   Y   /   N

# CAT DETAILS

NAME _____

AGE _____

BREED _____

COLOR _____

Vaccinations _____

Local VET _____

NOTES _____

_____

_____

_____

_____

## DETAILS

Date: _____

Customer Name: _____

Address: _____

_____

Telephone: _____

## DATES

Price          Paid   Y   /   N

# CAT DETAILS

NAME _____

AGE _____

BREED _____

COLOR _____

Vaccinations _____

Local VET _____

NOTES _____

_____

_____

_____

_____

# CUSTOMERS

○ _____

_____

○ _____

_____

○ _____

_____

○ _____

_____

○ _____

_____

○ _____

_____

○ _____

_____

## DETAILS

Date: _____

Customer Name: _____

Address: _____

_____

Telephone: _____

## DATES

Price                  Paid   Y   /   N

# CAT DETAILS

NAME _____

AGE _____

BREED _____

COLOR _____

Vaccinations _____

Local VET _____

NOTES _____

_____

_____

_____

_____

# DETAILS

Date: _____

Customer Name: _____

Address: _____

_____

Telephone: _____

# DATES

Price                          Paid  Y  /  N

# CAT DETAILS

NAME _____

AGE _____

BREED _____

COLOR _____

Vaccinations _____

Local VET _____

NOTES _____

_____

_____

_____

_____

## DETAILS

Date: _____

Customer Name: _____

Address: _____

_____

Telephone: _____

## DATES

Price                    Paid   Y   /   N

# CAT DETAILS

NAME _____

AGE _____

BREED _____

COLOR _____

Vaccinations _____

Local VET _____

NOTES _____

_____

_____

_____

_____

# DETAILS

Date: _____

Customer Name: _____

Address: _____

_____

Telephone: _____

# DATES

Price                    Paid  Y  /  N

# CAT DETAILS

NAME _____

AGE _____

BREED _____

COLOR _____

Vaccinations _____

Local VET _____

NOTES _____

_____

_____

_____

_____

# DETAILS

Date: _____

Customer Name: _____

Address: _____

_____

Telephone: _____

# DATES

Price                              Paid  Y  /  N

# CAT DETAILS

NAME _____

AGE _____

BREED _____

COLOR _____

Vaccinations _____

Local VET _____

NOTES _____

_____

_____

_____

_____

# DETAILS

Date: _____

Customer Name: _____

Address: _____

_____

Telephone: _____

# DATES

Price             Paid   Y   /   N

# CAT DETAILS

NAME _____

AGE _____

BREED _____

COLOR _____

Vaccinations _____

Local VET _____

NOTES _____

_____

_____

_____

_____

# DETAILS

Date: _____

Customer Name: _____

Address: _____

_____

Telephone: _____

# DATES

Price                    Paid  Y  /  N

# CAT DETAILS

NAME _____

AGE _____

BREED _____

COLOR _____

Vaccinations _____

Local VET _____

NOTES _____

_____

_____

_____

_____

# DETAILS

Date:

Customer Name:

Address:

Telephone:

# DATES

Price                                    Paid  Y  /  N

# CAT DETAILS

NAME _____

AGE _____

BREED _____

COLOR _____

Vaccinations _____

Local VET _____

NOTES _____

_____

_____

_____

_____

# DETAILS

Date: _____

Customer Name:

Address:

Telephone:

# DATES

Price                          Paid   Y  /  N

# CAT DETAILS

NAME _____

AGE _____

BREED _____

COLOR _____

Vaccinations _____

Local VET _____

NOTES _____

_____

_____

_____

_____

# CUSTOMERS

○ _____

_____

○ _____

_____

○ _____

_____

○ _____

_____

○ _____

_____

○ _____

_____

○ _____

_____

○ _____

# CUSTOMERS

- ○
- ○
- ○
- ○
- ○
- ○
- ○
- ○

Printed in Great Britain
by Amazon

40638469R00071